안녕, 나는 강릉이야

개정판 1쇄 발행 2022년 07월 15일 / **글쓴이** 이나영 / **펴낸곳** 상상력놀이터 / **펴낸이** 이도원 / **교정교열** 박정은, 정지윤 / **일러스트** 박정은, 이나영 / **디자인** 상상력놀이터 디자인팀 / **주소** 경기도 고양시 일산동구 정발산로39 대양빌딩 607호 / **대표전화** 070-8227-4024 / **홈페이지** www.sangsangup.co.kr / **전자우편** contact@sangsangup.co.kr / **등록변호** 제 2015-000056 호 **ISBN** 979-11-88408-17-7

*책값은 표지 뒷면에 있습니다.
*이 책은 상상력놀이터에서 저작권자와의 계약에 따라 발행한 것으로 허락 없이 복제할 수 없습니다.
*파본이나 잘못 인쇄된 책은 구매하신 서점에서 교환해드립니다.

먼저 알고 읽으면 좋아요.

규방
전통 가옥에서 여성들의 생활 공간을 말해요. 남성은 바깥채, 여성은 안채에서 생활했지요. 여성은 안채에 거주하면서 정치 및 사회생활과는 격리되며 살았어요. 그래서 규방은 여성들의 한이나 원망을 상징하기도 해요. 하지만 여기서 꽃피운 다양한 공예와 문화들은 소중한 우리들의 문화유산이랍니다.

향교
조선 시대에 나라에서 세운 지방 교육 기관을 말해요. 지방의 학생들에게 유학을 가르치면서 제사를 지내는 곳으로, 성균관과 함께 조선 시대 교육을 맡아 했던 곳이에요.

유네스코 인류무형문화유산
무형문화유산은 눈에 보이지 않는 문화유산들을 말해요. 각종 지식과 기술, 공연예술, 문화적 표현 등이 있지요. 산업화, 세계화가 되며 각 나라마다 사라지고 있는 무형문화유산을 보호하고자 유네스코에서 지정하여 널리 알리고 보호하고 있는 것이에요.

사(死)육신과 생(生)육신
세조가 단종의 왕위를 빼앗자 그를 반대하고 단종에게 충성을 다해 왕위를 지키려 한 신하들이에요. 사육신은 죽어가면서도 단종에 충성을 다했고, 생육신은 세조에게 등을 돌린 채 평생 단종을 그리워했답니다. 김시습도 생육신 중 한 명이에요.

사대부
사(士)는 학자, 대부(大夫)는 관리를 말하는 것으로 학자 출신의 관리란 뜻이에요. 양반과 서민을 나눌 때 주로 사용해요.

보부상과 선질꾼
봇짐이나 등짐을 지고 돌아다니며 물건을 파는 상인들을 보부상이라고 해요. 보부상은 전국 팔도를 다니지만 선질꾼은 지역 중심으로 다니는 사람이에요. 쉴 때도 서서 쉰다 하여 선질꾼이라 불러요. 또 지겟작대기도 일반 지게보다 길고 창처럼 만들어 대관령을 넘으며 만나는 산적으로부터 보호하기도 했다고 해요.

벌채
나무를 베어내는 것을 말해요. 광화문 복원을 위해 벌채를 할 때에 벌채하기 전에 산신과 소나무의 영혼을 달래는 위령제를 올렸어요.

지각변동
지구 내부의 원인 때문에 땅이 움직이고 변화하는 것을 말해요. 지구의 겉 부분은 여러 개의 판으로 이루어져 있는데 판들은 움직이는 방향이 각각 달라요. 판이 움직이면서 화산 활동, 지진과 같은 지각 변동이 판의 경계에서 일어나지요.

빙상 경기
얼음 위에서 하는 경기를 말해요. 피겨 스케이팅, 스피드스케이팅, 아이스하키 등이 대표적이에요. 동계 올림픽의 빙상 종목은 쇼트트랙 스케이팅, 스피드 스케이팅, 피겨스케이팅, 아이스하키, 컬링 총 5종목이랍니다.

_____아(야)
이름을 써주세요

안녕 나는 강릉이야.

나는 고구려 때는 '하슬라' 혹은 '하서랑'으로 불렸고
신라 시대 때는 '명주'로 불리다가 고려 때부터 '강릉'으로 고쳐 부르기 시작했지.
내 이름의 역사는 700년이 넘었어.
나는 영동 지방의 중심으로 오랫동안 중요한 역할을 한 도시였어.
강원도의 '강' 자도 강릉에서 따온 거야.
그만큼 강릉은 중요한 도시라 할 수 있지.

나는 대관령 아흔아홉 고개를 넘어야 만날 수 있는 도시야.
동쪽으로는 동해바다가, 서쪽으로는 태백산맥이 있어서
산과 바다를 모두 만날 수 있는 곳이지.
나는 바다의 영향을 많이 받아서 겨울에는 따뜻하고 여름에는 시원해.

대관령
강원도 평창군과 강릉시를 잇는 큰 고개를 말해요.
고개의 굽이가 99개소에 이른다는 말이 예로부터 전해져 오지요.

위로는 양양이, 서쪽으로는 평창과 정선, 아래로는 동해시가 있어서
다양한 도시와 함께 둘러보기 좋은 대표적인 관광지야.

오죽헌
오죽헌은 까마귀 오(烏)에 대나무 죽(竹) 자를 써서 까마귀처럼 검은 대나무로 둘러싸인 집이라는 뜻이에요.

나는 유명한 곳이 많지만 그중 가장 유명한 곳은 바로 오죽헌이야.
오죽헌은 너희들이 잘 알고 있는 신사임당과 율곡 이이의
발자취를 느낄 수 있는 곳이지.
그림과 바느질, 뛰어난 글 솜씨와 훌륭한 자녀교육으로
오늘날까지 존경받는 신사임당에게는 4남 3녀의 자녀가 있었어.

오죽헌과 시립박물관
| 이용시간 : 하절기 (3월~10월) 08:00~18:30 / 동절기 (11월~2월) 09:00~18:00 / 연중무휴

그중 첫째 딸 매창은 신사임당을 닮아 뛰어난 그림 실력을 자랑했고,
셋째 아들인 율곡 이이는 조선 시대를 대표하는 학자가 되었어.

오죽헌에 몽룡실이라는 곳이 있는데
신사임당이 검은 용꿈을 꾸고 율곡 이이를 낳았다고 해서 몽룡실이라 불러.
다방면으로 솜씨가 좋았던 신사임당은 규방 문화에 많은 영향을 주기도 했지.
오죽헌 안의 화단을 거닐며 신사임당의 그림을 떠올려봐.

지폐(돈) 속 인물
돈은 그 나라를 대표해요. 그래서 돈에는 각 나라를 대표하여 존경받는 인물을 넣지요. 우리나라 돈 오만 원권에는 신사임당, 만 원권에는 세종대왕, 오천 원권에는 율곡 이이,
천 원권에는 퇴계 이황이 그려져 있어요.

규방칠우
규방의 일곱 친구들이라는 뜻으로 바늘, 실, 자, 인두,
다리미, 골무, 가위를 말해요.

율곡 이이는 9번이나 장원급제를 할 정도로 똑똑했다고 해.
또 임진왜란을 예측하고 10만 명의 군사를 키워야 한다고 주장했지.
하지만 여러 신하들의 반대로 받아들여지지 않았어.
율곡 이이가 쓴 격몽요결과 어린 시절 사용하던 벼루가 보관된
어제각을 보면 임금님이 얼마나 율곡 이이를 아꼈는지 알 수 있어.

격몽요결
율곡 이이가 학문을 시작하는 사람들을 위해 만든 기초 학문 책이에요.

율곡인성교육관
| 이용시간 : 09:00~17:00

금오신화
오늘날 경주의 남산인 금오산에서 김시습이 '매월당'이란 호를 사용하며 지은 우리나라 최초의 한문 소설이에요.

매월당김시습기념관
| 이용시간 : 하절기(3~10월) 09:30~18:00 / 동절기(11~2월) 09:30~17:00 / 연중무휴

나는 신사임당과 율곡 이이 말고도
허균과 허난설헌의 도시이기도 해.
허균은 최초의 한글소설 홍길동전을 지은 사람이야.
허난설헌은 허균의 누이로 뛰어난 글 솜씨가
중국과 일본까지 알려진 인물이지.
단종을 지키려고 했던 김시습도
강릉을 대표하는 인물 중 하나야.

허균의 홍길동전
홍길동전은 우리나라 최초의 한글 소설이에요.
신분 사회였던 조선 시대에는 출생에 따라 차별하는 제도가 있었는데
홍길동전에 이 신분 차별에 대한 내용을 담았어요.

허균허난설헌기념관
| 이용시간 : 09:00~18:00 / 월요일 휴무

강릉대도호부 관아
| 이용시간 : 09:00~18:00 / 연중무휴
| 이용요금 : 무료

객사문
규모는 작지만 고려 시대 건축의 아름다움을 보여주지요.
1929년 일제강점기 때 객사는 헐리고 객사문만 남아 있어요.

강릉에는 역사적으로 의미 있는 곳이 많아.
고려 시대 때부터 관리들이 강릉에 왔을 때 머물던 강릉대도호부 관아에는
객사문을 통과하면 숙소로 사용되던 임영관이 있고,
7가지 업무를 책임진 칠사당도 있어.
우리나라에서 가장 오래된 강릉향교도 빠지지 않는 곳이야.

강릉향교
우리나라 향교 가운데 가장 규모가 큰 향교일 뿐만 아니라 340여 개의
향교 가운데 700년 이상의 역사를 가진 가장 오래된 향교예요.

강릉향교
| 이용시간 : 09:00~12:00 / 연중무휴
| 이용요금 : 무료

단오 풍습과 민속놀이 비녀 꽂기, 창포물에 머리 감기, 수리취떡 먹기, 씨름, 그네 뛰기, 답교놀이 등이 있어요.

비녀 꽂기　　창포물에 머리 감기　　수리취떡　　씨름

나는 오랜 역사처럼 오랜 전통문화도 풍성한 곳이야.
중요한 기록을 남긴 강릉 단오제는 일제강점기에도 열렸고,
한국전쟁 중에도 유지하며 전통을 이어왔어.
유네스코 인류무형문화유산이기도 해.
단오제 때 강릉에서는 단오굿뿐만 아니라 관노가면극 등
다양한 문화 행사와 단오 전통 풍습들을 즐길 수 있단다.

관노가면극
강릉 단오제 때 펼쳐지는 탈놀이로 춤과
동작을 위주로 한 가면극이에요.
말없이 진행되는 유일한 극이랍니다.

단오
단오는 음력 5월 5일로 오래전부터 추석, 설날과 함께 중요한 3대 명절이었지요.
모내기를 끝내고 풍년을 기원하는 날이기도 했답니다.

강릉은 다양한 민속놀이와
민속 음악으로도 유명해.
그야말로 강릉은 대대손손 문화가
꽃피우는 곳이지.

'강릉 농악'과 '학산오독떼기'가 그중 하나야.
유네스코 인류무형문화유산으로 등재된
강릉 농악은 농사를 짓는 과정을 즐겁게 풀어 놓은 것이야.
'학산오독떼기'는 신라 시대 때부터
즐겨 부르던 농요야.

굴산사지 당간지주
당간지주는 깃대를 꽂는 곳을 말해요. 굴산사지 당간지주는 지금까지 남아 있는 당간지주 중에 가장 커요. 크기가 5.4m에 이르는데 이것으로 절의 규모를 추측할 수 있어요.

학산오독떼기
농사를 지으면서 피곤함을 잊고 일의 능률을 올리기 위해 부르는 농요예요. 봄에 씨앗을 뿌려 가을 타작까지 농사의 과정을 보여줍니다.

강릉농악
영동 농악의 대표라고 할 수 있어요. 강릉농악은 단체적인 놀이를 위주로 하여 고된 농사일을 잊고 서로의 화합과 마을의 단합을 도모하는 중요한 역할을 담당해요.

관동별곡
조선 시대 문신 정철이 관동팔경을 방문하고 쓴 기행문 같은 것이에요.
관동팔경은 통천의 총석정, 고성의 삼일포, 고성의 청간정, 양양의 낙산사, 강릉의 경포대, 삼척의 죽서루, 울진의 망양정, 평해의 월송정을 말해요.

경포대
경포호를 한눈에 내려다볼 수 있도록 높은 언덕에 자리 잡은 누각이에요.

300년 전 사대부가 살던 전통 주택의 모습을 알 수 있는 선교장도 꼭 들러봐!
아흔아홉 칸의 전통가옥 구조가 잘 보존되어 있어.
경포대는 관동별곡에서 관동팔경 중
가장 아름다운 곳이라고 손꼽을 정도로 매력적인 곳이야.
달, 호수, 바다, 소나무 숲을 모두 내려다볼 수 있지.

선교장
| 이용시간 : 하절기 09:00~18:00 동절기 09:00~17:00 / 설날, 추석 휴무

장대 끝의 나무오리 세 마리가 서있는 모습을 본 적 있니?
강릉에서는 이것을 진또배기라 불러.

예로부터 사람들은 진또배기가 장승이나 돌하르방처럼
병과 재앙으로부터 자신들을 지켜주고 농사를 잘 짓게 해준다고 믿고 있지.
오래전 대관령 쪽에서 흘러온 솟대가 강문 해안에 닿자,
마을 사람들이 이를 건져 세우고 제사를 지냈는데
마을이 풍요로워졌다는 데서 유래되었다고 해.
강릉 곳곳에 서있는 진또배기를 한번 찾아봐!

습지식물
물에 떠서 사는 부유식물, 수면에 잎과 꽃을 피우는 부엽식물, 잎과 줄기가 물 밖으로 자라는 정수식물 등 다양한 수생 식물들이 모여살고 있어요.

경포대에서 내려다볼 수 있는 경포호는
거울처럼 맑다고 해서 경포호라 불러.
경포호는 원래 바다였지만 퇴적물이 쌓여서 만들어진 석호야.
원래 경포호는 지금보다 4배나 컸다고 해.
선교장을 갈 때 경포호를 가로질러
배로 만든 다리를 건너 갔다고 할 정도라니
그 규모를 알만하지?

경포습지의 새
경포가시연습지는 여름철새, 겨울철새, 나그네새들이 계절에 따라 오가는 곳으로서 매우 귀중한 서식처예요.

< 석호 생성 과정 >

   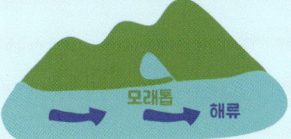

해수면이 상승하면서 만이 형성이 되고 그 앞으로 모래가 쌓여 입구를 막게 되면서 석호가 만들어져요.

⊙ 만 : 바다가 육지 쪽으로 들어와 있는, 움푹 들어간 곳
⊙ 해류 : 바닷물의 흐름

 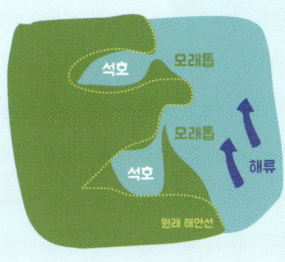

강릉의 석호
경포호, 향호, 풍호, 순개, 뒷개 등 총 5개의 석호가 있어요.

경포호는 훼손된 자연을 복원해서
50년 만에 멸종 위기 식물인 가시연꽃이 다시 피어났어.
우리나라 '생태관광지구'로 지정되어 있으니
경포가시연습지 해설사 선생님의 이야기를 꼭 들어보고
습지의 중요성을 알아가길 바래.

가시연습지
복원을 통해 가시연이 다시 피어나고 다양한 동식물의 개체 수가 늘어나면서 새로운 생태관광지가 되었어요.

순포습지
방치되어 있던 순개호 습지를 복원하여 수생 식물들과 조류를 관찰할 수 있는 곳이랍니다.

가시연습지 방문자 센터
운영 시간 : 09:30 ~ 17:30 (연중 무휴)
습지해설 (개인, 단체) : 운영시간 내 현장 신청
탐방, 교육 (단체) : 사전예약, 인터넷 접수
문의 : 033-640-4450

< 해안단구 생성 과정 > 땅이 위로 솟아오르는 현상을 융기, 아래로 가라앉는 현상을 침강이라고 해요.

파도에 의해 암석해안이 깎이며 해식애와 파식대가 생겨요. 땅이 움직여 올라오고, 해수면이 내려갔다가 올라오면서 해안에는 계단처럼 절벽과 평평한 모양의 지형이 생겨나지요. 이것이 바로 해안단구에요.

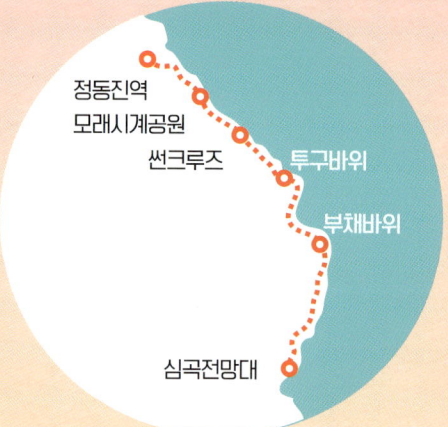

나는 이렇게 재미있는 호수뿐만 아니라
다양한 자연경관들이 반기는 곳이야.
부채를 펼쳐 놓은 모습과 비슷한
정동심곡 바다부채길은 국내 최장 길이의 해안단구 지역이야.
2,300만 년 전 지각변동을 관찰할 수 있는 곳이지.

정동심곡 바다부채길

개/폐장 여부 확정 : 당일 오전 8시 30분
기상 변화로 인하여 개/폐장 여부가 변경될 수 있으니 꼭 확인해야 해요.
이용 시간 : 하절기 (04월 ~ 09월) : 09:00 ~ 17:30 (매표시간 : 16:30까지)
동절기 (10월 ~ 03월) : 09:00 ~ 16:30 (매표시간 : 15:30까지)

이름도 재미있는 안반데기 마을은 대관령에 있는데
넓고 넓은 배추밭이 장관을 이루어.

영동과 영서를 나누는 역할도 하는 대관령은
선비들이 과거시험을 치르러 가는 길이기도 했고
많은 선질꾼(보부상)들이 물건을 사고팔러 나가는 곳이기도 했어.
신라의 김유신은 깊은 대관령 산속에서 무술을 연마하기도 했고
신사임당과 율곡 이이도 대관령을 넘으며 시를 남기기도 했지.

안반데기
떡메로 떡을 칠 때 밑에 받치는 안반처럼 평평하게 생겼다고 하여
안반데기라고 해요. 여기서 '데기'는 평평한 땅을 말해요.

안반데기 마을 체험
화전민체험촌 운유촌은 물론 안반데기 마을 체험이 있어요.
비탈밭 코스 : 2시간 소요 화전민 가족체험 : 체험 기간 1박2일

대관령 옛길
선질꾼(보부상)과 선비들이 넘어 다니던 길이에요. 대관령 옛길은 15km에 이르는데
이곳에서 신사임당이 어린 율곡의 손을 잡고 친정어머니를 그리며 걸었어요.
송강 정철이 이 길을 걸어 관동별곡을 쓰고, 김홍도가 이 길 중턱에서 대관령 그림을 그렸다고 해요.

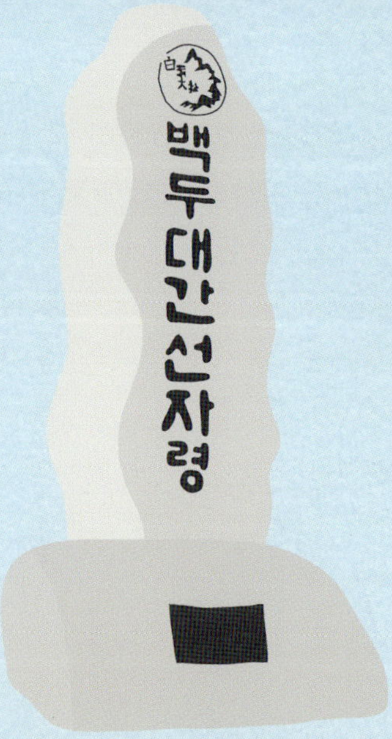

백두대간선자령

대관령의 원울이재는

조선 시대 때 강릉으로 오게 된 원님이 대관령을 넘어오며 울고

서울로 다시 돌아가며 강릉 사람들의 따뜻한 마음씨에 감동받아 울어

두 번이나 울게 되었다고 하여 붙여진 이름이야.

99개의 고개를 넘어야 한다는 대관령에는

수많은 이야기들이 숨어있으니 한번 찾아봐.

대관령 옛길의 주막터

나는 자연 그대로를 잘 간직하고 있는 다양한 숲으로 가득해.
대관령자연휴양림과 강릉솔향수목원 그리고
다양한 숲 체험이 가능한 대관령 치유의 숲은 우리나라에서도 손꼽히는 숲이야.

광화문 복원을 위해 '살아서 천년, 죽어서 천년을 간다'는
금강소나무를 벌채하기도 했어.
그 나무의 넋을 기리기 위해 벌채한 자리 위에 '어명정'이라는 정자를 지었지.

어명정
바우길 3구간 '어명을 받은 소나무길'의 중간쯤에 위치하고 있어요.
여기서 벌채한 소나무는 광화문의 기둥과 대들보로 사용되었다고 해요.

| 벚꽃 | 버찌 | 복사꽃 | 복숭아 | 매화 | 매실 |

벚꽃, 복사꽃, 매화는 비슷하게 생겼지만 꽃 모양도 조금씩 다르고 열매도 달라요.
벚꽃은 지고 나면 버찌가 열리고, 복사꽃은 지고 나면 복숭아가 열리며, 매화가 지고 나면 매실이 열려요.

봄이면 경포호는 벚꽃으로 둘러싸이고,
대도호부 관아는 매화와 진달래가 춤을 춰.
경포대는 철쭉으로 우리를 반기고
장덕리 마을은 복사꽃이 물들어서
봄이면 강릉은 온통 핑크색 옷으로 갈아입어.
너는 어떤 꽃이 좋으니?

여름이면 강릉 경포해수욕장에는 피서를 즐기려는 사람들로 가득해.
경포해수욕장 개장 소식이 뉴스를 장식할 만큼 전 국민이 사랑하는 곳이지.
물론 강릉에는 경포해수욕장 말고도 아름다운 해변과 해수욕장이 가득해.
스킨스쿠버, 서핑 등 다양한 해양스포츠를 즐길 수 있으니 여름에 꼭 와봐.

소금강과 율곡 이이
작은 금강산과 같이 아름답다 하여 소금강이라 불러요. 율곡 이이가 직접 쓴
'소금강' 글씨가 금강사 영춘대에 있어요.

가을이면 소금강과 대관령은 보석처럼 아름다운 단풍으로 물들어.
투명하게 비치는 소금강 계곡물에 어여쁜 단풍들이 반사되어 눈부실 지경이고
단풍 터널을 이루는 대관령 옛길에서는 바스락거리는
낙엽을 밟으며 가을의 정취를 한껏 느낄 수 있어.
또 경포호는 코스모스와 갈대로 둘러싸여 습지마다 철새들이 머물기도 해.

정동진과 정동진역 광화문을 기준으로 정 동쪽에 있다 하여 정동진이라고 해요. 정동진역은 우리나라에서 바다와 가장 가까운 역이지요.

나는 겨울 스포츠를 즐기기도 안성맞춤이야.
평창 동계올림픽 때 지어진 강릉 올림픽파크에서는
다양한 빙상경기를 볼 수도, 즐길 수도 있지.
또 매년 새해가 되면 해돋이를 보러 많은 인파가 몰리기도 해.
그중 정동진은 우리나라에서 손꼽히는 해맞이 명소야.

정동진 시간 박물관
| 이용시간 : 09:00~18:00 / 연중무휴

나는 높은 산과 바다로 둘러싸여 있어 다양한 특산물들이 가득해.
산에서는 개두릅과 산마늘,
그리고 해변에서만 자라는 갯방풍이 유명하지.
또 고려 시대 때부터 재배된 500년 역사를 자랑하는 곶감도 유명해.
주문진 항에서 겨울철이면 대구와 명태가 많이 잡히고,
여름철에는 오징어와 꽁치가 많이 잡혀서
산나물, 과일, 야채, 해산물까지 다양한 특산물로 가득하지.

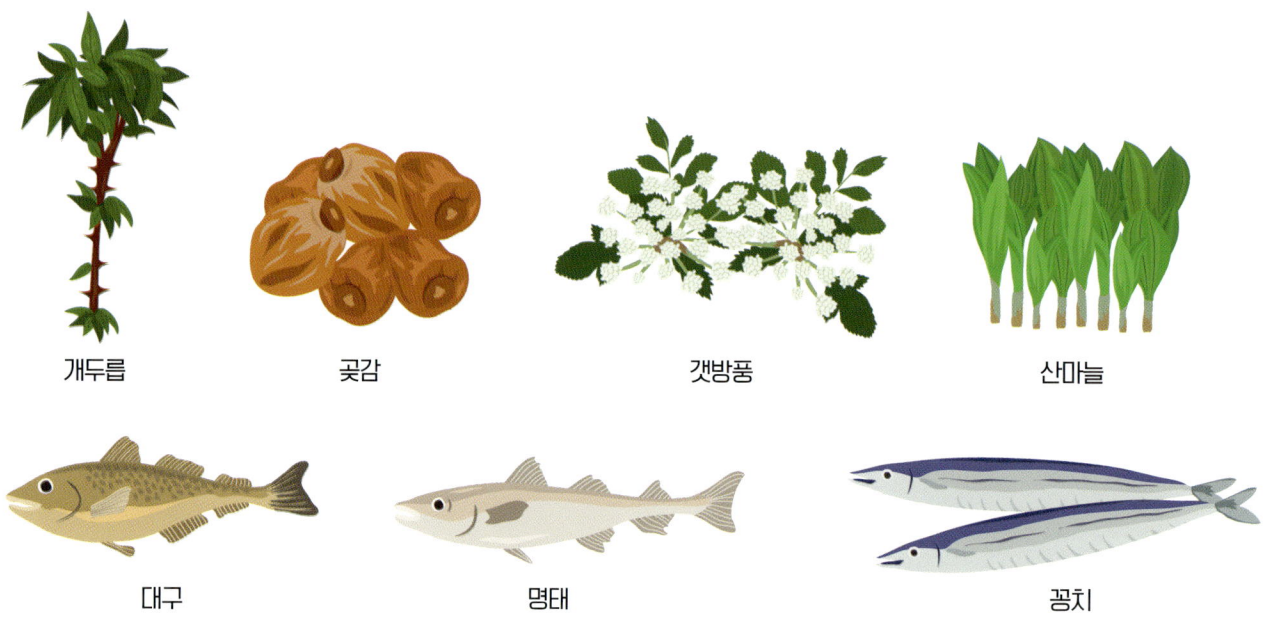

개두릅   곶감   갯방풍   산마늘

대구   명태   꽁치

< 초당두부 만드는 순서 >

1. 콩 나르기
2. 콩 불리기
3. 콩 갈기
4. 콩물 걸러내기
5. 콩물 가마솥으로 끓이기
6. 강릉 바닷물 넣기
7. 초부두 틀에 붓기
8. 촛물 빼기
9. 초당 모두부 완성

이런 신선한 재료로 만들어진 맛있는 음식이 많아!
그중 초당두부는 허균과 허난설헌의 아버지인 허엽이
관청 앞마당의 샘물로 콩을 삶고 바닷물로 간을 맞추어 만들었는데
그 맛이 일품이었다고 해. 그래서 허엽의 호를 따서 초당두부라고 불러.
또 감자를 갈아 만든 옹심이는 얼마나 쫄깃하고 맛있다고!

대게찜
대게를 통째로 찜통에 넣고 찐 요리예요. 울진과 영덕이 유명하지만 강릉에서도 맛있는 대게찜을 맛볼 수 있어요.

해물탕
강릉의 신선한 해산물에 각종 양념으로 칼칼하고 시원하게 끓인 음식이에요.

오징어 통찜
신선한 오징어를 통째로 쪄서 내장까지 먹는 음식이에요.

활어회
신선한 생선을 날것으로 먹는 것을 말해요. 육질이 신선하여 쫄깃쫄깃하게 씹는 맛이 특징이에요.

곰치국
남해에서는 물메기, 서해에서는 물텀벙이라고 불리는 곰치로 끓인 해장국이에요.

메밀막국수
메밀국수를 시원한 김칫국물에 말아먹는 음식이에요.

장치찜
야구방망이처럼 생긴 장치를 꾸덕하게 말려 매콤한 양념장을 넣고 조려먹는 요리예요.

감자 옹심이
감자를 갈아 반죽해서 새알 크기로 빚어 만든 음식이에요. 옹심이는 강원도 사투리로 '새알심'이라는 뜻이에요.

초당 순두부
맑은 동해 바닷물을 이용해 두부가 고소하고 부드러워요.

장칼국수
고추장과 된장으로 칼칼하게 맛을 낸 칼국수예요.

메밀전병
메밀가루 반죽을 얇게 지져 야채, 고기 등을 넣고 말아 만든 음식이에요.

물회 신선한 해산물과 야채와 함께 매콤하게 양념하여 찬물을 부어 먹는 회 요리예요.

메밀국수와 메밀전병은 물론이고 신선한 해산물로 만든 물회와
해물탕과 해물찜, 그리고 곰치국과 장치찜도 일품이야.
그밖에 장칼국수도, 짬뽕도 너무나도 맛있어서
무얼 먹어야 할지 고민일 거야.

<커피 만드는 순서>

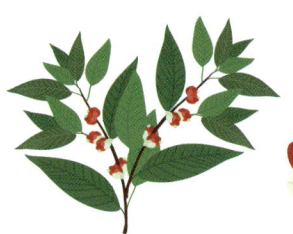

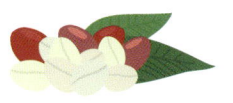

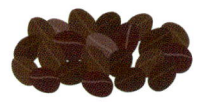

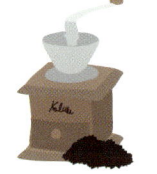

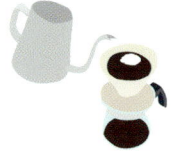

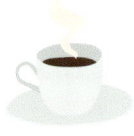

1. 커피나무에서 커피 열매를 따요.
2. 열매에서 씨앗을 뺀 뒤에 씨앗을 말려요.
3. 볶으면 짙은 갈색의 원두가 돼요.
4. 그라인더에 넣고 원두를 갈아요.
5. 드리퍼를 이용하여 커피를 내려요.
6. 커피 완성!

나는 오래전부터 물맛이 좋아 차 문화가 발달했어. 커피도 그중 하나지.
문학인들이 주로 카페에서 활동을 했었는데
많은 문학인들이 강릉이 고향이라 강릉은 커피문화가 좀 더 일찍 자리 잡았어.
카페마다 다른 맛을 내는 커피를 맛보면 좋을 텐데… 커피 맛은 부모님께 여쭤봐.
대신 너희도 맛볼 수 있는 커피콩 빵이 있으니
너무 아쉬워하지는 마.

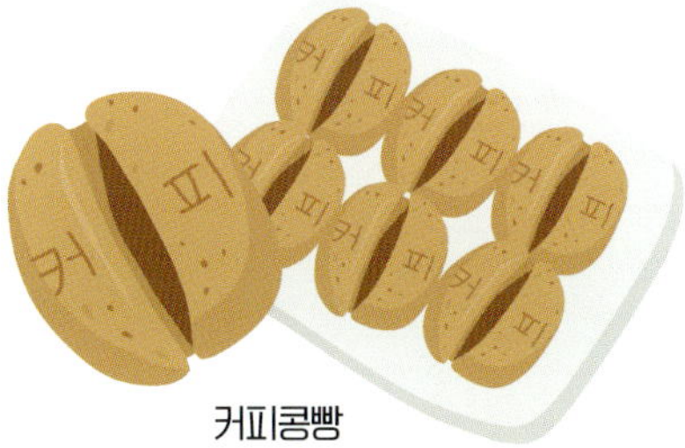
커
피

커피콩빵

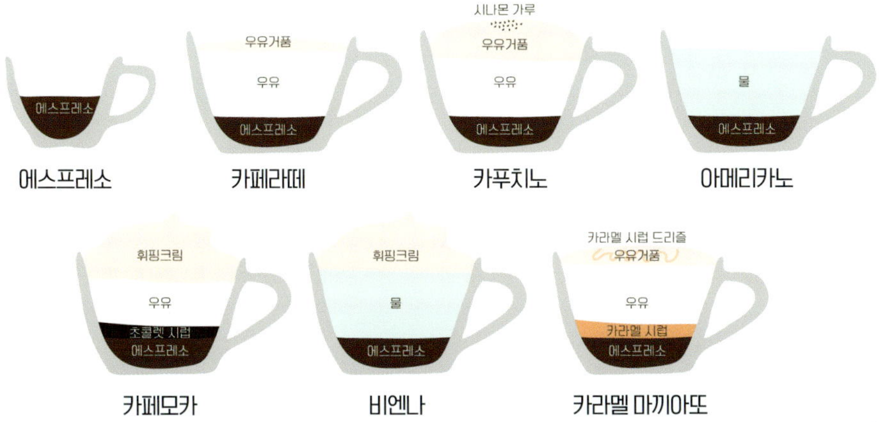
에스프레소
에스프레소
우유거품
우유
에스프레소
카페라떼
시나몬 가루
우유거품
우유
에스프레소
카푸치노
물
에스프레소
아메리카노
휘핑크림
우유
초콜렛 시럽
에스프레소
카페모카
휘핑크림
물
에스프레소
비엔나
카라멜 시럽 드리즐
우유거품
우유
카라멜 시럽
에스프레소
카라멜 마끼아또

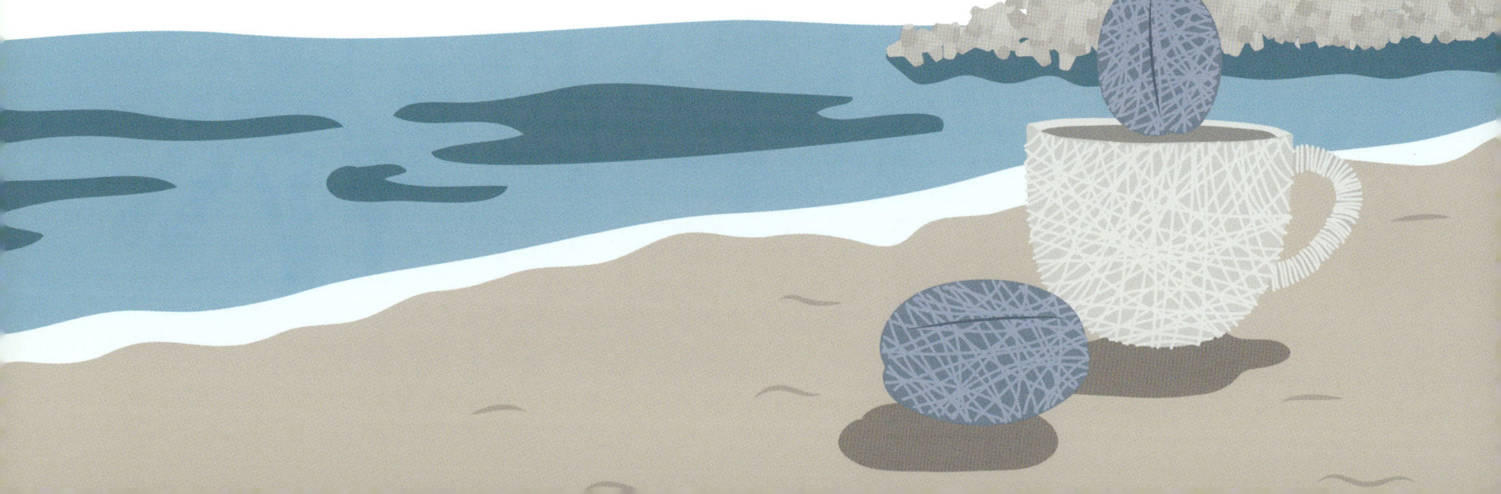

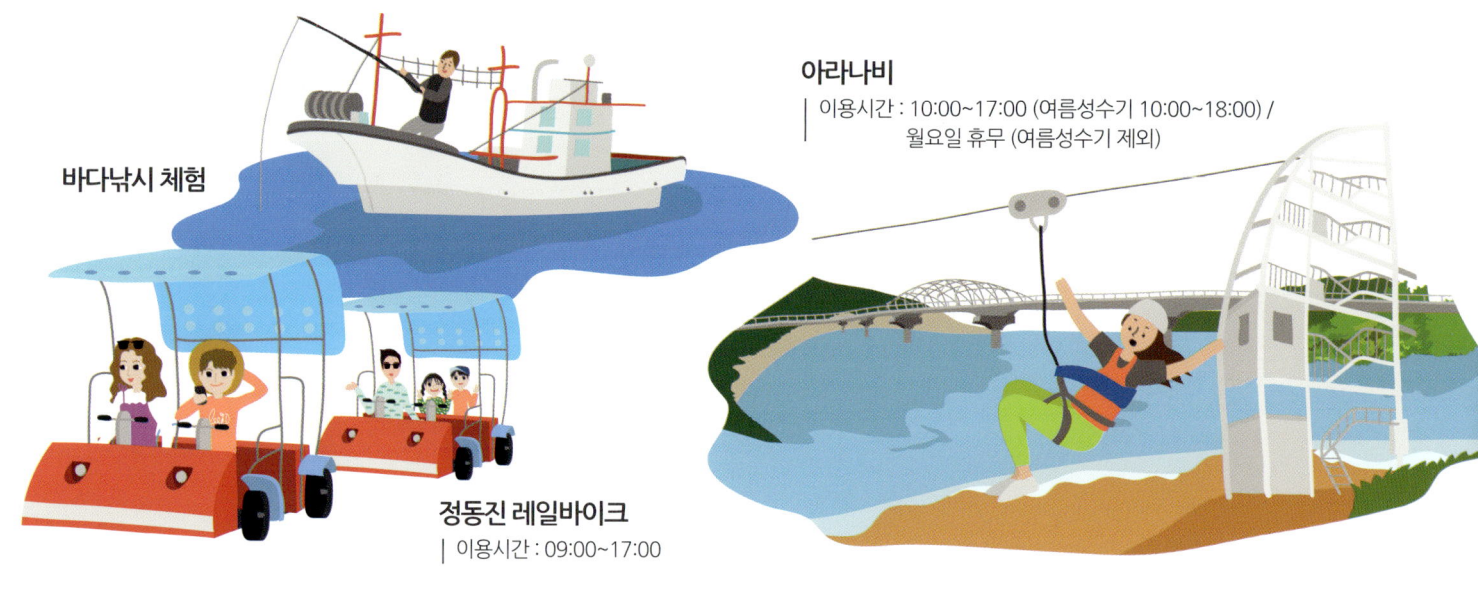

바다낚시 체험

아라나비
| 이용시간 : 10:00~17:00 (여름성수기 10:00~18:00) /
월요일 휴무 (여름성수기 제외)

정동진 레일바이크
| 이용시간 : 09:00~17:00

나는 다양한 레저를 즐길 수 있는 곳이기도 해.
바다를 보며 달릴 수 있는 레일바이크와
바다를 가로지를 수 있는 짚와이어도 있어.
어부가 된 것 같이 배를 타고 바다에 가서 낚시를 해볼 수도 있지.
의자가 바다로 향해 있어 바다를 보고 달리는 바다열차도 이색적이야.

코레일 바다열차
정동진-삼척 / 삼척-정동진 (연중운행)
소요시간 : 편도 약 1시간 20분 / 왕복 약 3시간
운행시간 : 현지 사정에 따라 달라질 수 있으므로 확인해야 해요.

제주도의 올레길이 있다면 강릉에는 바우길이 있어.
총 21개의 코스로 이루어져 있는 바우길은
바다와 산, 계곡 등 강릉 곳곳을 걸으면서
강릉만의 다양한 자연을 만날 수 있지.

헌화로는 우리나라에서 손꼽히는 드라이브 코스야.
바다와 가장 가까운 도로로 알려져 있는데 이곳에도 재미있는 이야기가 숨어있어.
강릉 태수 순정공의 부인인 수로부인이 바닷가 절벽 위에 핀
철쭉을 꺾어 달라 부탁했지만, 너무 위험해서 아무도 나서는 사람이 없었다고 해.
이때 한 노인이 꽃을 꺾어 바치면서 헌화가를 불렀단다.
그래서 헌화로라고 해.

나는 문화의 도시답게 다양한 주제를 가진 박물관으로도 가득해.
강릉 커피박물관은 물론이고
옛 여인들의 아름다운 솜씨를 볼 수 있는
동양자수박물관과 전통가구의 아름다움을
느낄 수 있는 전통가구박물관이 있어.

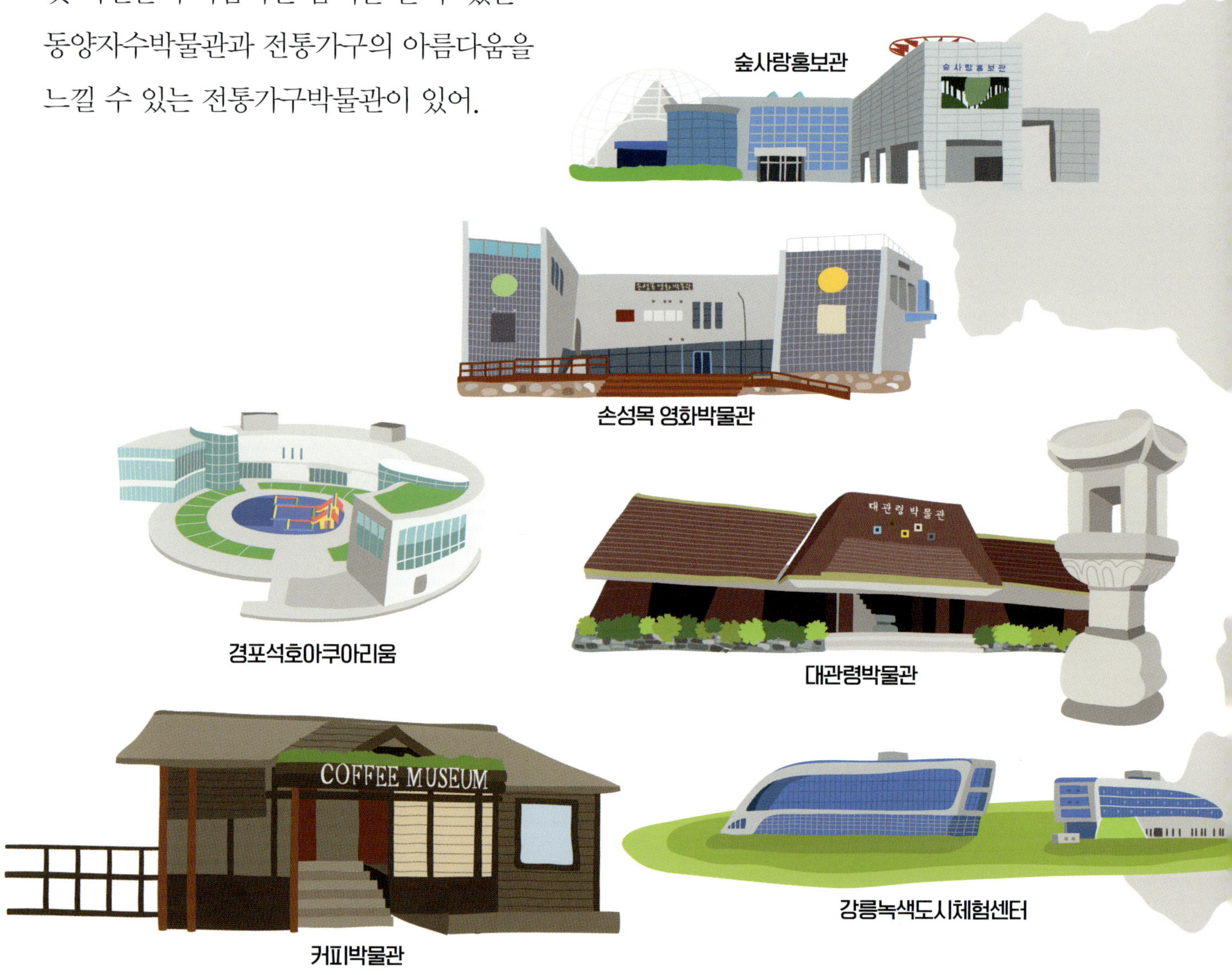
숲사랑홍보관
손성목 영화박물관
경포석호아쿠아리움
대관령박물관
COFFEE MUSEUM
커피박물관
강릉녹색도시체험센터

또 풍광마저 아름다운 정동진 시간박물관과
에디슨의 위대한 발명품들을 만나볼 수 있는 참소리 축음기 에디슨과학박물관,
석호의 소중함과 해양 동물들을 만날 수 있는 경포 석호아쿠아리움도 있어.

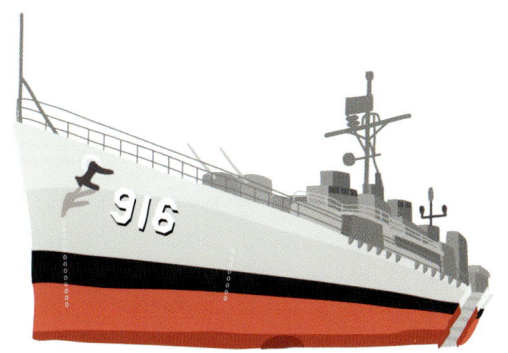

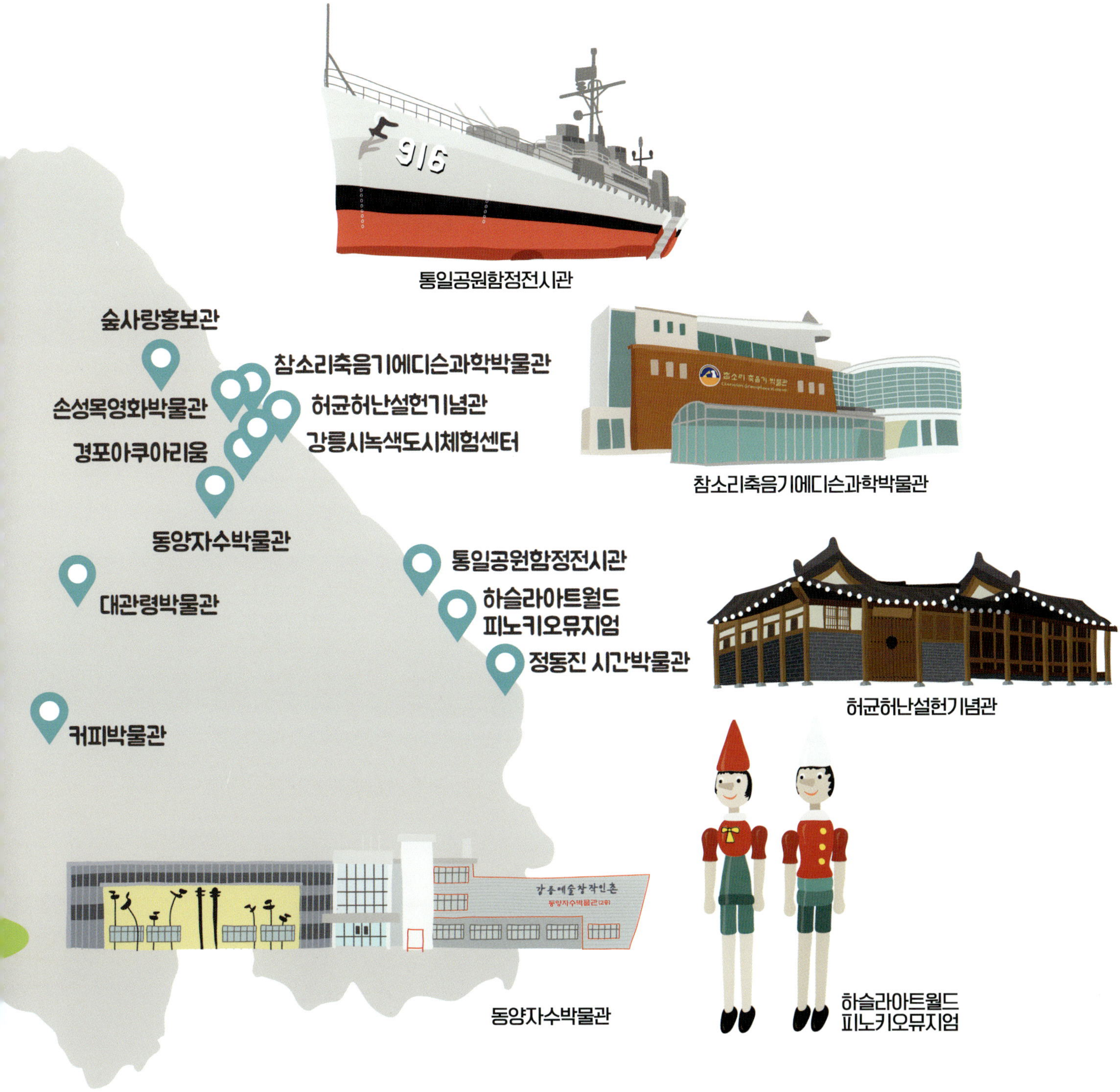
916
통일공원함정전시관
숲사랑홍보관
참소리축음기에디슨과학박물관
허균허난설헌기념관
손성목영화박물관
강릉시녹색도시체험센터
경포아쿠아리움
참소리축음기에디슨과학박물관
동양자수박물관
통일공원함정전시관
대관령박물관
하슬라아트월드
피노키오뮤지엄
정동진 시간박물관
허균허난설헌기념관
커피박물관
강릉예술창작인촌
동양자수박물관
하슬라아트월드
피노키오뮤지엄

국내 유일한 숲 체험 박물관인 숲사랑홍보관도 있고
전쟁의 아픔을 느낄 수 있는 강릉 통일공원의 함정전시관,
색다른 피노키오들을 만날 수 있는 피노키오박물관도 있지.
나열하기도 숨이 찰 정도로 다양한 박물관이 있어.

강릉에서 지내는 방법도 다양해.
호텔, 리조트, 펜션 등도 있지만
솔밭과 바다가 맞닿아 있는 멋진 캠핑장도 있어.
또 바다가 내려다보이는 자연휴양림도 있지.

고택에서 잘 수 있는 한옥스테이는 물론이고,
한옥마을에서 하룻밤을 자며
다양한 전통문화를 체험할 수 있는 곳도 있어.
너는 오늘 어디서 잘거니?

또 나는 교통도 아주 편리해.
우리나라 대표 고속도로라 할 수 있는 영동고속도로의 종점이기도 하고,
부산과 강원도를 연결하는 동해고속도로도 있어.
또 KTX의 종착역이라 서울까지 2시간이면 갈 수 있어.
너는 무엇을 타고 왔니?

참, 강릉항에는 울릉도와 독도로 갈 수 있는 여객선도 있어.
주문진항에는 경포해변까지 둘러볼 수 있는 유람선도 있지.

싱싱한 해산물과 맛 좋은 산나물들을
만날 수 있는 시장도 있어.
강릉 중앙시장과 주문진 수산시장을
손에 꼽을 수 있지.

주문진 수산시장
| 이용시간 : 07:00~22:00

곤드레 두릅 감자 닭강정

옥수수 송이 곰취 아이스크림 호떡 떡갈비

중앙시장은 계절마다 장을 가득 채우는 것이 달라.
봄에는 두릅, 곰취, 곤드레 등 각종 산나물이 자리하고,
여름에는 옥수수와 감자가, 가을에는 송이 등이 자리하지.
강원도에서 가장 오래된 등대가 있는 주문진항의
주문진 수산시장은 건어물과 수산물로 가득해.

강릉 중앙시장
| 이용시간 : 06:30~20:00 / 매월 첫째 주 일요일 휴무

나는 정말 아름답고, 유서 깊은 곳이야.
다양한 먹거리, 풍성한 문화공연, 뜻깊은 유적지로 가득한

나는 강릉이야!

경포호

굴산당간지주

강릉단오문화관

정동진의 일출

아이랑 가볼 만한 곳

문화

오죽헌
강릉시 율곡로3139번길 24

경포대
강릉시 안현동 산1-1

매월당김시습기념관
강릉시 운정길 85

선교장
강릉시 운정길 63

강릉향교
강릉시 명륜로 29

강릉대도호부 관아
강릉시 임영로131번길 6 임영관

굴산사지당간지주
강릉시 구정면 학산리 1181

허균허난설헌기념관
강릉시 초당동 477-8

박물관

율곡인성교육관
강릉시 율곡로3139번길 24

정동진 시간 박물관
강릉시 강동면 헌화로 990-1

커피박물관
강릉시 왕산면 왕산로 2171-19

숲사랑홍보관
강릉시 사천면 미노길 1

손성목 영화박물관
강릉시 경포로371번길 26

통일공원함정전시관
강릉시 강동면 율곡로 1616

경포아쿠아리움
강릉시 운정동

대관령박물관
강릉시 성산면 대관령옛길 1

강릉녹색도시체험센터
강릉시 난설헌로 131

참소리축음기에디슨과학박물관
강릉시 경포로 393

하슬라아트월드
강릉시 강동면 율곡로 1441

동양자수박물관
강릉시 죽헌동 140-2

주문진해양박물관
강릉시 주문진읍 해안로 1748

환희컵박물관
강릉시 한밭골길 76-29

강릉단오제전수교육관
강릉시 단오장길 1

강릉올림픽뮤지엄
강릉시 난설헌로 131

자연

경포호
강릉시 저동

경포가시연습지
강릉시 운정동 670

순포습지
강릉시 사천면 산대월리 산202-1

경포해변
강릉시 안현동 산1-1

안목해변
강릉시 창해로14번길 20-1

주문진항
강릉시 주문진읍 주문리

강릉항
강릉시 창해로14번길 51-26

정동심곡 바다부채길
강릉시 강동면 심곡리 114-3

소금강
강릉시 연곡면 삼산리

임해 자연휴양림
강릉시 강동면 율곡로 1715-85

국립대관령치유의숲
강릉시 성산면 대관령옛길 127

대관령자연휴양림
강릉시 성산면 삼포암길 133

헌화로
강릉시 강동면 주문진리~심곡리

강릉솔향수목원
강릉시 구정면 수목원길 156

시장

강릉중앙시장
강릉시 금성로 21

주문진수산시장
강릉시 주문진읍 시장길 38

마을과 공원

모래시계 공원
강릉시 강동면 정동진리 산2

정동진조각공원
강릉시 강동면 정동진리

강릉통일공원
강릉시 강동면 율곡로 1715-38

소돌아들바위공원
강릉시 주문진읍 주문리

안반데기 마을
강릉시 왕산면 안반덕길 428

진또배기 마을
강릉시 강문동

초당두부 마을
강릉시 초당동

오죽한옥마을
강릉시 죽헌길 114

소금강 장천마을(양떼목장)
강릉시 연곡면 진고개로 1502

체험

정동진 바다열차
강릉시 강동면 정동역길 17 정동진역

아라나비
강릉시 공항길 127번길 35-7

정동진 레일바이크
강릉시 강동면 정동역길 17 정동진역

강릉 생태놀이터
강릉시 난설헌로 131

추천코스

당일 코스

역사여행 : 오죽헌(율곡인성교육관) - 선교장 - 경포대 - 허균허난설헌기념관 - 강릉 대도호부 관아 - 통일공원함정전시관

자연여행 : 경포대 - 경포호 - 경포가시연습지 - 경포아쿠아리움 - 경포해변 - 정동심곡 바다부채길

1박 2일 코스

1일차 : 오죽헌(율곡인성교육관) - 선교장 - 경포대 - 경포가시연습지 - 경포아쿠아리움 - 허균허난설헌기념관

2일차 : 정동진역 - 정동심곡 바다부채길 - 헌화로 - 경포해변 - 주문진항

3일 코스

1일차 : 오죽헌(율곡인성교육관) - 선교장 - 경포대 - 경포가시연습지 - 경포아쿠아리움 - 허균허난설헌기념관

2일차 : 정동진역 - 모래시계공원 - 정동심곡 바다부채길 - 헌화로 - 경포해변 - 주문진항 - 안목해변 카페거리

3일차 : 강릉 대도호부관아 - 강릉향교 - 대관령박물관 - 안반데기 마을

* 각 여행코스는 위치적으로 유리한 형태로 구성되었으며 날씨와 숙박 위치, 아이의 컨디션에 따라 한, 두 군데 정도 빼는 것을 추천합니다.

강릉 OX 퀴즈

1. 강원도의 '강' 자는 강릉에서 따온 것이다. O X
2. 초당두부는 달콤해서 초당두부라고 불린다. O X
3. 대관령은 오래전 강릉과 서울을 오고 가는 관문으로, 선비들이 과거시험을 치르러 가는 길이었다. O X
4. 오죽헌의 '오죽'은 '얼마나'의 뜻을 나타내는 말이다. O X
5. 강릉 농악은 유네스코 인류무형문화유산으로 등재되었다. O X
6. 최초의 한글소설 홍길동전을 지은 사람은 율곡이이다. O X
7. 진또배기는 병과 재앙으로부터 자신들을 지켜주고 농사를 잘 짓게 해준다고 믿었다. O X
8. 정동심곡 바다부채길은 국내 최장 길이의 해안단구 지역이다. O X
9. 소금강은 소금이 나오는 강이라 소금강이라 불린다. O X
10. 광화문을 기준으로 정 동쪽에 있다고 하여 불리는 정동진은 우리나라에서 손꼽히는 해맞이 명소이다. O X

1.O / 2.X / 3.O / 4.X / 5.O / 6.X / 7.O / 8.O / 9.X / 10.O

강릉 초성퀴즈

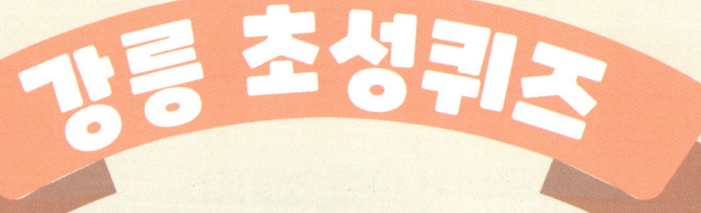

ㅇㅈㅎ

까마귀처럼 검은 대나무로 둘러싸인 집이라는 뜻이에요. 신사임당과 율곡 이이의 발자취를 느낄 수 있는 곳이지요.

ㅊㄷㄷㅂ

허균과 허난설헌의 아버지인 허엽이 관청 앞마당의 샘물로 콩을 삶고 바닷물로 간을 맞추어 만들었는데 그 맛이 일품이었다고 해요. 허엽의 호를 따서 ○○○○라고 불러요

ㅈㄸㅂㄱ

장승이나 돌하르방처럼 병과 재앙으로부터 자신들을 지켜주고 농사를 잘 짓게 해준다고 믿고 있는 나무 오리에요.

ㅈㄷㅈ

ㅅㄱㄱ

작은 금강산과 같이 아름답다 하여 ○○○이라 불려요. 율곡 이이가 직접 쓴 '○○○' 글씨가 금강사 영춘대에 있어요.

광화문을 기준으로 정 동쪽에 있다 하여 ○○○이라고 해요. ○○○역은 우리나라에서 바다와 가장 가까운 역이지요.

ㅇㅂㄷㄱ

떡메로 떡을 칠 때 밑에 받치는 안반처럼 평평하게 생겼다고 하여 ○○○○라고 해요. 대관령에 있어요.

정답: 오죽헌 / 초당두부 / 짐대박이 / 정동진 / 소금강 / 안반데기

가로 세로 낱말

가로

1. 그림과 바느질, 뛰어난 글 솜씨와 훌륭한 자녀교육으로 오늘날까지 존경받는 분이에요.
2. 광화문을 기준으로 정 동쪽에 있다고 하여 이렇게 불러요.
3. 신사임당의 셋째 아들로, 임진왜란을 예측하고 10만 명의 군사를 키워야 한다고 주장했던 인물이에요.
4. 땅이 움직여 올라오고, 해수면이 내려갔다가 올라오면서 계단처럼 절벽과 평평한 모양의 지형을 말해요. 정동심곡 바다부채길은 우리나라에서 가장 긴 ○○○○에요.
5. 장승이나 하르방과 같이 병과 재앙으로부터 자신들을 지켜주고 농사를 잘 짓게 해준다고 믿으며 세워둔 것을 말해요.
6. 거울처럼 맑다고 해서 ○○호라고 불러요. ○○호를 한눈에 내려다볼 수 있도록 높은 언덕에 자리 잡은 누각을 말해요.

세로

1. 강릉을 대표하는 음식 중 하나에요. 허균과 허난설헌의 아버지인 허엽이 관청 앞마당의 샘물로 콩을 삶고 바닷물로 간을 맞추어 만들었어요. 허엽의 호를 따서 ○○○○라고 불러요.
2. 조선 시대 문신 정철이 관동팔경을 방문하고 쓴 기행문을 말해요. 그중 강릉의 경포대가 속해 있어요.
3. 대관령에 있는 곳으로 떡메로 떡을 칠 때 밑에 받치는 것처럼 평평하게 생겼다고 하여 이렇게 불러요.
4. 작은 금강산과 같이 아름답다 하여 ○○○이라 불려요. 율곡 이이가 직접 쓴 '○○○' 글씨가 금강사 영춘대에 있어요.
5. 평창과 강릉 사이에 있는 고개에요. 이 아흔아홉 고개를 넘어야 강릉을 만날 수 있다고 하지요.

강릉의 인물 사다리타기

 율곡이이

 신사임당

 허균

 허난설헌

허균의 누이로 뛰어난 글 솜씨가 중국과 일본까지 알려진 인물이에요.

최초의 한글소설 홍길동전을 지은 사람이에요.

임진왜란을 예측하고 10만 명의 군사를 키워야 한다고 주장했던 사람이에요.

그림과 바느질, 뛰어난 글 솜씨와 훌륭한 자녀교육으로 오늘날까지 존경받는 사람이에요.

OX퀴즈로 풀어보는 강릉

1. 강원도의 '강'은 강릉을 뜻하는 말이에요. O / X

2. 한계령은 강릉의 관문이에요. O / X

3. 오죽헌은 까마귀처럼 검은 대나무로 둘러싸인 집이라는 뜻이에요. O / X

4. 선교장은 관동별곡에서 관동팔경 중 가장 아름다운 곳이라고 손꼽을 정도로 매력적인 곳이에요. O / X

5. 강릉 단오제는 유네스코 인류무형문화유산이에요. O / X

6. 허난설헌은 최초의 한글소설 홍길동전을 지은 사람이에요. O / X

7. 진또배기는 장승이나 돌하르방처럼 병과 재앙으로부터 자신들을 지켜준다고 해요. O / X

8. 대관령의 원울이재는 원울이의 전설이 숨어있어요. O / X

9. 허균과 허난설헌의 아버지인 허엽의 호를 따서 초당두부라고 불러요. O / X

답: 1-O, 2-X, 3-O, 4-X, 5-O, 6-X, 7-O, 8-X, 9-O

강릉 음식의 이름 알아보기

장치찜
꾸덕하게 말린 생선 장치에 매콤한 양념장을 넣고 조려먹는 요리예요.

메밀전병
메밀가루 반죽을 얇게 지져 야채, 고기 등을 넣고 말아 만든 음식이에요

장칼국수
고추장과 된장으로 칼칼하게 맛을 낸 칼국수예요.

감자 옹심이
감자를 갈아 반죽해서 새알 크기로 빚어 만든 음식이에요.

초당두부
맑은 동해 바닷물을 이용해 두부가 고소하고 부드러워요.

오징어 통찜
신선한 오징어를 통째로 쪄서 내장까지 먹는 음식이에요.

동해 오징어 종이접기

준비물

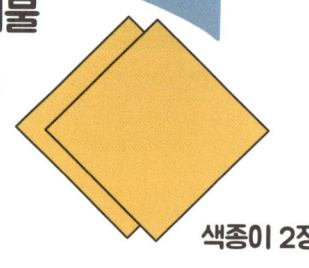

가위　　풀　　색종이 2장

① 점선대로 접었다가 폅니다.

② 점선대로 안쪽으로 접어줍니다.

③ 점선대로 바깥쪽으로 접어줍니다.

④ 다른 쪽도 같은 방법으로 접어줍니다.

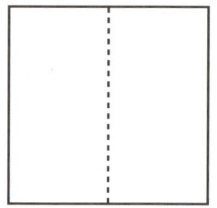 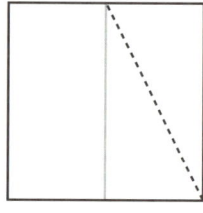 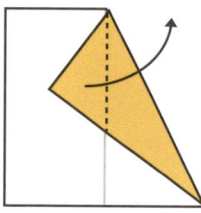 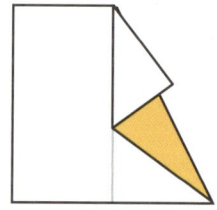

⑤ 점선대로 안쪽으로 접어줍니다.

⑥ 오징어 몸통 완성!

⑦ 새로운 종이를 오징어 몸통에 맞게 접어줍니다.

⑧ 뒤집은 후 오징어 다리를 잘라줍니다.

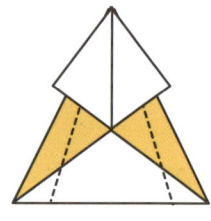  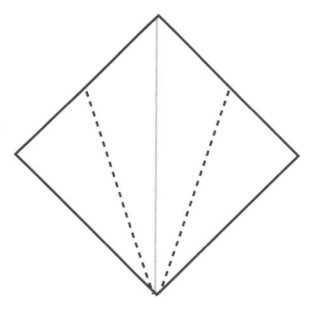 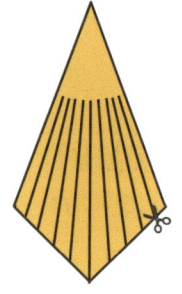

⑨ 가운데 8개를 짧게 잘라줍니다.

⑩ 몸통과 다리를 풀칠하여 연결해줍니다.

⑪ 빨판을 그려줍니다.

⑫ 오징어 완성!

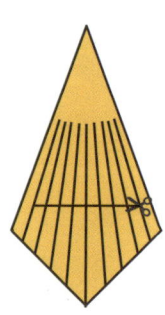 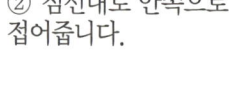 

고랭지 배추찾아 김치담기

경포습지의 아름다운 새들 색칠하기

현장체험 학습 보고서에 잘라서 붙여보세요.

강릉에서 가본 곳들을 오려 붙이고, 설명을 써보세요.

오죽헌

강릉대도호부 관아

강릉향교

선교장

경포대

통일공원함정전시관

참소리축음기에디슨과학박물관

허균허난설헌기념관

하슬라아트월드

커피박물관

정동진역

강릉 올림픽파크

주문진항

동양자수박물관

굴산사지 당간지주

강릉향교

우리나라 340여 개 향교 가운데
가장 규모가 큰 향교일 뿐만 아니라
700년 이상의 역사를 가진 가장
오래된 향교예요.

강릉대도호부 관아

고려 시대 때부터
관리들이 강릉에 왔을 때
머물던 곳이에요.

오죽헌

신사임당과 율곡 이이의 발자취를
느낄 수 있는 곳이에요.
오죽헌의 몽룡실에서
신사임당이 검은 용꿈을 꾸고
율곡 이이를 낳았어요.

통일공원함정전시관

6·25전쟁, 9·18북한 잠수함,
무장공비 침투의 아픔을 느낄 수 있는
곳이에요.
분단의 슬픔을 느끼고,
국가 안보의 중요성을 되새길 수 있어요.

경포대

관동별곡에서 관동팔경 중
가장 아름다운 곳이라고 할 정도로
아름다운 곳이에요.
달, 호수, 바다, 소나무 숲을 내려다
볼 수 있어요.

선교장

300년 전 사대부가 살던 전통 주택의 모습을
알 수 있는 곳으로,
아흔아홉 칸의 전통가옥 구조가 잘 보존되어
있어요.

하슬라아트월드

색다른 피노키오들을 만날 수
있는 피노키오 박물관이 있어요.

허균허난설헌기념관

최초의 한글소설 홍길동전을
지은 허균과
글 솜씨가 중국과 일본까지 알려진
허균의 누이인 허난설헌을
기념하기 위한 곳이에요.
허균허난설헌생가터 옆에 있어요.

참소리축음기에디슨과학박물관

에디슨의 위대한 발명품들을 만나
볼 수 있는 박물관이에요.

강릉 올림픽파크

평창 동계올림픽 때 지어졌어요.
다양한 빙상경기를 볼 수도,
즐길 수도 있는 곳이에요.

정동진역

정동진은 매년 새해가 되면
해돋이를 보러 많은 인파가
모이는 명소예요.
정동진역은 세계에서 바다와
가장 가까이 있는 역이에요.

커피박물관

오래전부터 물맛이 좋아 차 문화가
발달한 강릉은 커피도 발달했어요.
문학인들이 주로 카페에서 활동했어요.
커피박물관에서는 커피의 역사와
관련된 전시를 보고, 체험을 할 수 있어요.

굴산사지 당간지주

당간지주는 깃대를 꽂는 곳을 말해요.
굴산사지 당간지주는 지금까지 남아 있는
당간지주 중에 가장 커요.
크기가 5.4m에 이르는데 이것으로
절의 규모를 추측할 수 있어요

동양자수박물관

옛 여인들의 아름다운 자수
솜씨를 볼 수 있는
자수 전문 박물관이에요.

주문진항

주문진 항에서 겨울철이면
대구와 명태가 많이 잡히고,
여름철에는 오징어와 꽁치가 많이
잡혀요.

현장체험 학습 보고서에 잘라서 붙여보세요.

다음 인물을 오려 붙이고, 인물에 대해 찾아 배울 점을 체험 보고서에 써보세요.

신사임당

율곡 이이

신사임당의 초충도

오죽헌

허난설헌

허균

매월당김시습기념관 / 김시습

강릉의 유명한 음식들을 오려 붙이고, 체험 보고서에 설명을 써보세요.

감자 옹심이

초당 순두부

장칼국수

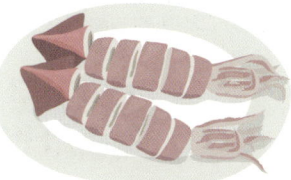
오징어 통찜

작가님께 편지를 써보세요!

POST CARD

From.

To.
작가님에게

#상상력놀이터 #안녕나는강릉이야 #작가님에게

책을 읽고 궁금한 점, 느낀 점을 편지에 써서 SNS에 올려주시면 작가님께서 직접 답장을 보내드립니다.
*참여방법: SNS에 #상상력놀이터 #작가님께 #안녕나는강릉이야(읽은 책의 제목) 해시태그로 올려주세요.

상상력놀이터의 도서소개

**어린이 여행 가이드북
안녕 나는 시리즈**
글 이나영 / 그림 이나영, 박정은, 정지윤, 임희주

제주, 경주, 해외, 강원도, 서울, 강릉, 인천, 전주, 부산까지!!!
어린이를 위한 어린이 여행 가이드북! 안녕 시리즈들을 통해 나만의 진짜 여행을 즐겨보세요!

**이야기로 배우고 색칠하며 익히는 한국사 톡톡
입문서 편 / 근현대사 편** 그림,엮음 상상력놀이터

요즘 엄마들 사이에 가장 핫한 한국사 입문서! 컬러링과 스토리텔링으로 배우는 한국사 공부! 좌뇌와 우뇌를 자극하여 아이들이 재미있게 공부해요. 역사 체험 학습과 연계하면 좋아요

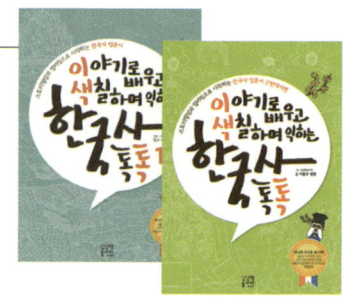